Aux Électeurs
La Lanterne Tricolore
1789
35c
PARIS
LIBRAIRIE MARTINON
et chez les Marchands de Nouveautés.

LA

LANTERNE TRICOLORE

PARIS

IMPRIMERIE BALITOUT, QUESTROY ET Ce

7, RUES BAILLIF ET DE VALOIS, 18.

AUX ÉLECTEURS

LA
LANTERNE TRICOLORE

PARIS

LIBRAIRIE MARTINON

ET CHEZ LES MARCHANDS DE NOUVEAUTÉS

—

1868

AUX ÉLECTEURS

Parce que je m'adresse à vous, Electeurs, ne vous imaginez pas que je vienne ici vous faire une profession de foi. Je n'ai pas le moins du monde la prétention de solliciter vos suffrages, je suis trop jeune, pour cela et j'ai trop à travailler pour mon avenir.

Quand je serai devenu assez riche, pour me payer les frais que nécessitent une candidature, si j'ai réussi à sortir de l'ombre dans laquelle je vis maintenant, je ne dis point que, tout comme un autre, je n'aie pas l'ambition de représenter mon pays.

Nous en recauserons dans ce temps-là.

*
* *

En attendant, tout en m'occupant de mes affaires, je vous avoue, Électeurs, que je pense quelquefois à la situation actuelle de la France, tant à l'intérieur qu'à l'extérieur, et je viens sur ce sujet causer un peu avec vous.

J'ai quelques moments de liberté et je veux en profiter pour vous dire ce que je pense.

*
* *

Ah ! c'est un sacrifice que je fais de mettre ainsi mon nom en avant, de le livrer à la critique, de lui faire affronter la plume féroce des journalistes qui ne seront pas de mon avis, Malgré tout, je n'hésite point; je crois qu'il est utile pour vous, qui vivez loin du théâtre où s'agitent, se discutent chaque jour les intérêts et les destinées de la nation tout entière, je crois, dis-je, qu'il est utile qu'un spectateur attentif vienne vous dire : voici ce que je vois; regardez avec moi et puis, quand vous aurez bien examiné, vous saurez quels seront vos devoirs, quand le chef de l'État vous appellera à de nouvelles élections.

*
* *

Vous vous demandez sans doute pourquoi je donne à cette conversation le titre de *Lanterne tricolore*? Mon Dieu, c'est tout simple! Tout ce qui s'appelle *Lanterne* (je n'en félicite pas les amateurs de bon français), se vend et s'enlève de chez le libraire. Or, j'ai un certain amour-propre; je tiens à ce que vous lisiez ma brochure, et pour cela il faut que vous l'achetiez.

D'un autre côté, je donne à ma *Lanterne* l'épithète de *Tricolore* parce que, je crois fermement, que ce drapeau aux trois couleurs, plus que le drapeau blanc et surtout plus que le drapeau rouge, représente le véritable esprit, le véritable honneur et les véritables intérêts de notre patrie.

Il en est peut-être qui ne pensent point comme moi. C'est que ceux-là ont oublié toutes les grandes choses que la France a faites lorsqu'il flottait sur le palais des Tuileries, surmonté de l'aigle impérial aux ailes déployées.

***

C'est donc à la lumière de la *Lanterne* et à l'abri du drapeau tricolore, que je vous demande Électeurs : *Où allons-nous ? Que ferons-nous ? Que voulons-nous ?*

***

Dans peu de temps, nous allons être appelés à manifester nos volontés. Il va nous falloir choisir un mandataire, qui sera chargé d'exprimer nos vœux à l'Empereur, et en même temps de lui montrer les besoins du pays. Il devra défendre aussi nos intérêts, c'est-à-dire surveiller nos finances et faire qu'on dépense le moins possible. Ce mandataire sera encore gardien de notre honneur; la France, la main sur la garde de son épée, surveille les ambitieux. C'est à notre mandataire de faire le signe qui fera sortir le glaive du fourreau, si notre dignité a reçu un affront où si notre intérêt se trouve menacé par de turbulents voisins.

*
* *

C'est un mandat bien sérieux que nous allons confier, Électeurs! Savez-vous que notre représentant tiendra véritablement nos destinées dans ses mains? De lui dépendra notre bien ou notre mal; il ne saurait être trop vigilant, trop actif, trop éclairé et trop honnête surtout; car, s'il allait faillir ou abuser des pouvoirs que nous lui aurions donnés, la patrie pourrait être en danger.

***

Nous avons donc le droit, électeurs, de faire un choix scrupuleux entre les candidats qui viendront solliciter nos suffrages. Mais point de légèreté, point d'imprévoyance, car nous serions alors les propres artisans de nos malheurs.

La question que nous avons à nous poser tout d'abord, est celle-ci : Qui nommerons, nous? Un candidat de l'opposition ou un

candidat du gouvernement? Et dans l'opposition encore, quelle nuance choisirons
nous?

Car il faut bien nous l'avouer, aujour-
d'hui avec la liberté que nous a donnée
l'Empereur, tous les anciens partis ont se-
coué leur sommeil, ils se sont relevés, et les
voilà tous debout en présence.

Les républicains, les orléanistes, les légi-
tvmistes cléricaux se pressent à l'envi, et
viennent tour à tour, armés des plus belles
professions de foi du monde, réclamer l'honneur de nous représenter.

*
* *

A les entendre, ils sont seuls capables de
sauver le pays, qui n'est pas, que je sache, en
péril; d'ordonner les impôts, de nous donner

les libertés que nous réclamons encore, de nous faire ouvrir des chemins vicinaux, tracer des chemins de fer, bâtir des écoles, des églises, — que sais-je ? — Le gouvernement gouverne mal, ils le feront gouverner mieux.

*
* *

Jusqu'à présent, Électeurs, nous les avons écoutés, mais nous avons donné nos suffrages aux candidats de l'Empereur.

Avons-nous bien fait, avons-nous eu tort ? Il n'y a pas lieu de discuter cela pour le moment.

Nous avons seulement à [nous mettre en garde contre une alliance monstrueuse qui vient de se contracter.

**
* *

Tous ces partis battus, rebutés cent fois, ont déclaré la guerre au gouvernement, et, pour lui porter des coups plus terribles, ils ont réuni leurs forces. Républicains, orléanistes, légitimistes, avec toutes leurs nuances et leurs ramifications diverses, viennent de se fondre pour faire de tous ces membres épars un corps, un corps étrange, horrible, un corps sans tête qui s'agite et se meut avec cette devise :

Renverser pour rebâtir.

Cet assemblage difforme a pris un nom à l'aide duquel il espère en imposer.

Mais l'*Union libérale* a beau faire ! Vous voyez tous avec moi, je l'espère, le petit bout de l'oreille.

* *
*

L'*Union libérale* n'est qu'une *coalition*, et
la coalition la plus abominable de toutes,
car c'est la coalition de tout ce qui rêve dis-
corde, anarchie et ruine contre la prospérité, la paix et la grandeur de la patrie.

* *
*

Que pouvons-nous en effet attendre de
bon de l'*Union libérale?* Quand elle aura
renversé le gouvernement, par quel autre
gouvernement le remplacera-t-elle? Quelle
tête mettra-t-on sur les épaules de cette fa-
meuse union?

Électeurs , c'est ce moment-là qu'il faut considérer.

Ne voyez-vous pas l'orléaniste qui tire par la jambe le républicain, qui lui-même déjà renverse le légitimiste du trône où il était grimpé !

Quelles luttes, alors, quelles mêlées !

Que deviendraient dans ce chaos et notre fortune et notre prospérité? Aurait-on même le respect des personnes?

Qui sait? Peut-être verrions-nous luire encore les jours sanglants d'autrefois.

*
* *

Il faut, en vérité, que les partis aient bien des ambitions déçues, bien de vieilles dettes à payer, de vieilles haines à venger pour oser s'unir à nouveau. Il y a longtemps que j'ima-

ginais que les hommes éminents, qui domi-
nent tous les partis et par leur talent et par
leur honnêteté, avaient fait justice des coalitions.

Mais non, les Pygmées d'aujourd'hui veu-
lent nous donner le même spectacle que les
géants, leurs pères.

Allons, il faut en finir; qu'ils écoutent
chacun à leur tour !

*
* *

Orléanistes, passez les premiers.

*
* *

Voici ce que le plus fidèle et le plus habile

de vos soutiens, l'historien éminent que toute
la France admire, celui qui gouvernait pour
vous naguère, et qui fut peut-être votre plus
grand ministre, voici ce que M. Thiers pense
des coalitions :

*
* *

Certes, tout ce que disait ce profond poli-
tique, en 1831, du gouvernement de juillet,
peut s'appliquer par une analogie frappante
au gouvernement du 2 décembre :

« Louis-Philippe, (lisez Napoléon III) a
» rallié les majorités et laissé en dehors les
» minorités.

» Mais le sort des minorités est de se réunir
» pour se faire un peu plus fortes. C'est là ce
» qui a amené la COALITION dont nous som-
» mes témoins, — coalition la plus singulière

» qu'on ait encore rencontré ; car, de même
» qu'on n'avait pas encore vu un gouverne-
» ment concilier autant les majorités raison-
» nables de tous les partis, on n'avait pas vu
» non plus un gouvernement laissant plus de
» minorités diverses et contraires. »

*
* *

Entendez-vous votre grand orateur, orléanistes?....
Méditez encore les paroles suivantes :

*
* *

« Les hommes de parti, tous ensemble, ne

» s'appellent ni partisans de l'usurpation, ni
» révolutionnaires, ni légitimistes... Ils peu-
» vent avoir fait, pensé, écrit autrefois tout
» ce que le temps, les révolutions et la for-
» tune ont voulu; mais grâce entière leur est
» accordée aux yeux de toutes les religions
» politiques, si aujourd'hui ils se réunissent
» dans un *Credo* commun, et consentent à
» répéter ensemble qu'au dehors le gouver-
» nement trahit la France, qu'au dedans il
» abandonne la cause des révolutions ! »

*
* *

Ces alliances sont le signe infaillible de
l'impuissance des partis.

« Car il faut avoir un grand besoin d'étayer
» sa faiblesse pour s'unir et s'accorder de
» telles indulgences.

» Il faut être bien désespéré pour ne pas
» craindre dé tels contrastes, — POUR N'EN
» ÊTRE PAS HONTEUX !

*
* *

» Chacun de ceux qui s'unissent, en effet,
» serait-il individuellement vrai, est un MEN-
» SONGE à côté de son voisin.

» Il n'y en a pas un qui ne soit le DÉMENTI
» de l'autre, la démonstration de sa FAUS-
» SETÉ.

» Si le carliste a raison, le républicain est
» quelque chose de monstrueux, et recipro-
» quement. On ne comprend pas qu'ils se
» puissent regarder les uns les autres !

» Du reste, ces alliances ne sont qu'une
» réciproque DUPERIE. »

* *
*

Si les coalitions politiques ne sont pour les coalisés qu'une réciproque duperie, que sont-elles pour le peuple, si ce n'est la démagogie, l'anarchie, le sang, comme je vous le disais plus haut?

* *
*

Allons, à votre tour, légitimiste, venez sur la sellette, écoutez aussi les paroles de M. Thiers :

* * *

« Pour moi, si j'étais de ces royalistes qui
» tiennent irrévocablement à Henri V, c'est-
» à-dire à une famille, je tâcherais de relever
» ce sentiment par un principe, celui qui
» considère la légitimité comme le seul
» moyen de stabilité. Mais alors, si j'aimais
» si fort la stabilité, je resterais le plus loin
» possible des républicains.

* * *

« Je ne pousserais pas à l'anarchie ; je ne
» chercherais pas à précipiter la société dans

» les abîmes, sans savoir comment l'en reti-
» rer ensuite ; je me dirais que, même pour
» arriver à l'ordre, il n'est pas permis de
» braver d'épouvantables désordres.

« Et, surtout, si j'avais, en dénonçant les
» fautes de cette légitimité, contribué à sa
» chute, je me tairais, et je regarderais en
» silence ma patrie suivre les destinées incon-
» nues dans lesquelles j'aurais contribué à
» l'engager. »

*
* *

Est-il besoin, après cela, de vous citer votre
grand orateur Berryer, de vous citer M. Guizot,
de vous citer M. de Montalembert? Non, n'est-
ce pas. M. Thiers parle le langage de la vérité et du bon sens ; son autorité suffit à
vous convaincre.

*
* *

Pour vous, républicains, je ne veux ajouter
qu'un mot :

*
* *

Votre *Armand Carrel*, la gloire la plus
pure de votre parti, repoussait avec indigna-
tion toute alliance avec ses adversaires politiques. « Vouloir faire croire que les républicains, s'écriait-il dans le *National*, se
coalisent avec les carlistes, c'est leur jeter
UNE INJURE à la face. »

*
* *

Il me semble pourtant que les républicains

devraient être guéris à jamais de la manie
des coalitions: Ils n'ont donc plus de mé-
moire? Ont-ils oublié que leur république
de 48, née de coalitions, par cela même,
n'était pas née viable, et qu'il n'a fallu qu'un
souffle pour la renverser.

Se croient-ils plus forts aujourd'hui? Ont-
ils plus de confiance dans la *foi jurée* par
leurs prétendus alliés?

Le mot de M. Thiers DUPERIE devrait
résonner doublement dans leurs oreilles.

C'est le chef des orléanistes qui leur ap-
prend lui-même quel fond ils peuvent faire
sur les promesses de son parti.

*
* *

Et croient-ils que les légitimistes aient oublié le passé? S'imaginent-ils que s'ils mar-

chent à leur suite, à l'assaut du gouvernement, c'est pour leur laisser tout le fruit de la victoire?

En vérité, cela serait une étrange hallucination.

A quoi donc leur serviraient l'expérience et le souvenir?

*
* *

Ainsi, dans un semblable état de choses, Electeurs orléanistes ou républicains, légitimistes ou socialistes, vous feriez une grande faute en votant pour l'*Union libérale*, c'est-à-dire pour la *coalition électorale*. Souvenez-vous de ce mot que je ne saurais trop vous répéter : *duperie*, et pensez qu'en croyant servir votre cause, vous porteriez aide et secours à vos plus mortels ennemis.

**
* *

Vous seriez les bourreaux de vos espérances et vous immoleriez de vos propres mains ce que vous croyez être la vérité, la justice et le salut.

Ayez plus que de *répugnances* quand ou patronera près de vous un candidat de l'*Union libérale*, et souvenez-vous que, contrairement à une parole célèbre :

« Le temps des épurations dure toujours. »

*
* *

Quels candidats choisirons-nous donc, pensez-vous?

Mon Dieu, jetez les yeux autour de vous ; recueillez vos souvenirs ; comparez le passé et le présent.

Demandez-vous ce qu'était la France il y a vingt ans et regardez ce qu'elle est aujourd'hui ?

Demandez-vous qui, a détruit l'anarchie ; qui a rétabli l'ordre ; qui, après avoir montré la force de son gouvernement, a donné, de lui-même, les libertés nécessaires au développement des forces morales et matérielles du pays ?

Demandez-vous encore qui, a relevé, fier et majestueux, un drapeau qui semblait vouloir fuir tous les regards étrangers et n'osait se montrer vaillant que chez un peuple barbare ?

*
* *

Demandez-vous qui, l'a promené triomphant de Sébastopol sur les palais de Pékin, de Saïgon à Magenta, de Solférino en Kabylie?

Demandez-vous qui, a fait la France puissante, respectée au dehors, en même temps que crainte et admirée; qui a agrandi ses frontières, et les a étendues jusqu'aux Alpes?

Demandez-vous enfin qui, l'a faite heureuse et prospère au dedans, et, quand vous vous serez répondu à toutes ces questions, vous choisirez alors vos candidats?

****

Oui, Electeurs, coalisons-nous, unissons-nous, mais dirigeons nos efforts vers un seul et même but : la consolidation du gouvernement de l'Empereur, le seul qui puisse tenir d'une main vaillante et ferme notre glorieux drapeau tricolore.

*
* *

Choisissons, d'accord avec le gouvernement, des candidats convaincus et sincères, véritables amis de la liberté, mais de cette liberté sage, qui, ne laisse pas aux mauvaises passions et aux théories chimériques, le pouvoir de jeter le trouble dans les esprits et le désordre dans l'État.

*
* *

C'est avec le concours de ces hommes

honnêtes que notre France conservera cette supériorité et cette prospérité qui, la font jalouser en même temps qu'admirer de tous les autres peuples, et qu'elle méritera toujours le nom de *grande nation*, que lui décerna Napoléon Ier.

GARNIER-RAMAND.

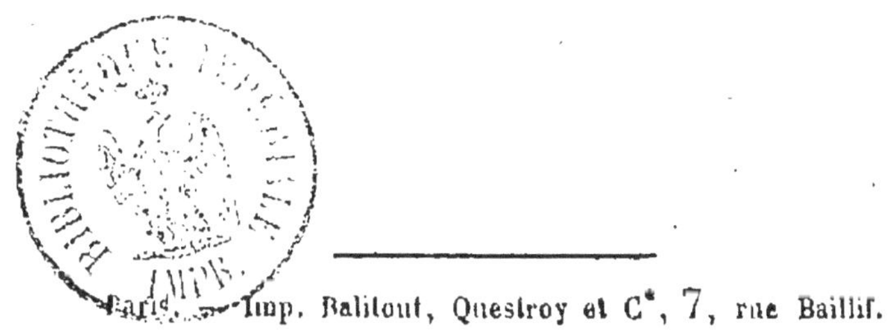

Paris. — Imp. Balitout, Questroy et Cᵉ, 7, rue Baillif.